我能自信
又清晰地表达

我能自信又清晰地表达

〔韩〕李香晏◎著　〔韩〕申大官◎绘

宫　萍◎译

北京科学技术出版社

100层童书馆

超级有趣、令人兴奋的
表达力魔法课!

你一说话就脸红吗?

哪怕只是站在众人面前,你也会心怦怦乱跳吗?

你总是说一些不合时宜的话,但心里明明不是那样想的吗?

你一上台发言就冷汗直流吗?

你想竞选班长,却不敢在众人面前演讲,因此不得不放弃吗?

你面对非常想结交的朋友,却没有勇气上前搭话吗?

……

你如果有上面这些烦恼,

那么一定有下面这些愿望——

"如果我能侃侃而谈就好了。"

"如果我能让朋友们觉得我说话幽默风趣就好了。"

别担心，表达力魔法课能帮你实现愿望。

书中的主人公多谈的口头表达能力原本不行，

但是遇到畅畅老师以后，他竟然成了口头表达小能手。

他跟着畅畅老师系统学习了一系列能提升口头表达能力的秘诀，

完成了从口头表达入门者到口头表达进阶者，

再到口头表达小能手的蜕变。

你想知道提升口头表达能力的秘诀有哪些吗？

如果想，那就继续阅读下去吧。

李香晏

2019 年 11 月

目　录

多谈

害怕口头表达的小朋友。
上了畅畅老师的表达力魔法课之后，
成了口头表达小能手。

畅畅老师

向多谈传授口头表达秘诀的老师。
和蔼可亲，循循善诱。

猫咪和狗狗

多谈家的宠物。
跟着多谈一起上畅畅老师的
表达力魔法课。

恩熙

多谈的同学。
口头表达小能手，多谈的榜样。

多顺和多蔚

多谈的姐姐和弟弟。
他们姐弟仨虽然经常吵架，
但依然亲密无间。

大虎

多谈的朋友。
人称"故事大王"。

阶段

1

口头表达入门

练习量

情绪调节能力

词汇量

发音准确度

随机应变能力

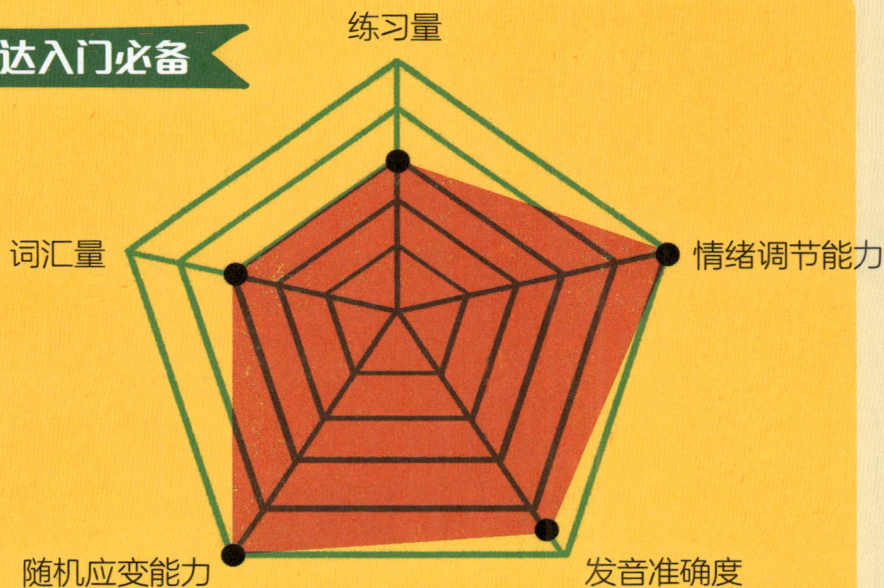

一般来说，入门前的小朋友随机应变能力和情绪调节能力较差，发音不准确、词汇量不足的情况也很常见。让我们通过练习来解决这些问题吧！

01 紧张和害怕

10

畅畅老师
咨询时间

我只要在大庭广众之中发言就又紧张又害怕，心怦怦直跳，脸滚烫滚烫的。今天做自我介绍的时候，我一句话也说不出来。

对着一群人，还是一群初次见面的人发言时紧张、发抖是正常的，老师站在很多人面前的时候也会紧张。

老师也会紧张？我这样真的不是因为我的性格有问题吗？

当然不是。很多人当众发言时都会紧张。这样想你是不是就轻松很多了？你只要下定决心，就一定能克服自己的紧张心理。

要下定决心！我记住了。

当众发言时过度紧张可能会对你的社交产生不良影响，不过你不用担心，上了我的课，你很快就不会为此紧张了。

难易度 ★ ☆ ☆ ☆

口头表达能力不取决于嘴巴，而取决于决心！

为什么你当众发言会紧张？可能是你的不安心理在作祟。

"我如果说得不好，会被别人取笑的。"

"我聊天时说错话怎么办？"

正是心中的不安让你害怕口头表达。

也许你以前因为口误被取笑了，

也就是说，从前的一些不愉快的经历

可能在你的心里留下了阴影，

让你一想到当众发言就焦虑不安。

请记住，口头表达能力不取决于嘴巴，而取决于决心。

因此，即使现在害怕当众发言，

你也完全能够成为口头表达小能手。

培养积极乐观的心态

别再杞人忧天了，学习用积极乐观的心态看待事情吧。

例如，试着这样想——"说错话也没关系"

"这次是为了下次表现得更好所做的练习"……

不要担心被别人取笑，每个人都可能出错。

即使出错了也不要紧，只要今后不再犯同样的错误就好。

把每一次失误都当作学习的机会，

从失误中不断总结经验教训。

有了积极乐观的心态，人就会变得自信。

要想成为口头表达小能手，拥有自信至关重要。

表情自然，体态端正，直视对方

1.表情和体态

自然、放松的表情能给人以安全感。

说话时落落大方、面带微笑，会给人留下好印象，

即使中间说得不太流畅也没关系。

保持体态端正也很重要。

与浑身僵直或歪歪扭扭相比，

体态端正让人显得更自信。

适宜的表情和体态

腰板挺直，
肩膀舒展，
双臂自然下垂

面带微笑，
嘴角微微上扬

不当的表情和体态

表情僵硬、
不自然

双腿发抖

面露怒容，双臂
交叉抱于胸前

身体佝偻，
面无表情

升级秘诀　微笑练习法

1. 练习放松面部肌肉

对着镜子发"啊""咦""哦""呜"等音，放松面部肌肉。

2. 练习嘴角微微上扬

将筷子叼在口中，保持几秒后取下，反复练习。

2.视线

和他人对话时，最好直视对方的眼睛。

看着对方的眼睛说话会让对方感觉你很真诚、很亲切。

如果直视对方的眼睛让你觉得有压力，

你也可以注视对方的眉间或耳朵。

说话时不要频繁地眨眼，否则可能无法取得对方的信任。

适宜的视线

不当的视线

课间

好无聊，好想和他们一起聊天……

多谈，这次小组讨论你要加入我们小组吗？

和我们一组吧！

好……好的。

他看起来好像不太想和我们一组。

吞吞吐吐的，不知道在说什么。

明明不是这样的，我好难过！

我本来想大声说
"我愿意和你们一组",
但说出口的话却完全不同,
声音也小得像蚊子的嗡嗡声。

发生这种情况是正常的。可能你跟他们
还不熟,所以比较害羞。

其实,和好朋友说话时我的声音也很小,
所以我有个外号叫"蚊子"。哎呀,难道是我的嗓子
出了问题?我是不是生病了?

声音小可不是病,而是发音不当导致的。
只要你掌握了发音的方法,这个问题很容易解决。

发音?

是的。发音恰当的话,你就能做到
吐字清晰、嗓音洪亮。当然,前提是你要自信。
以"我一定能做到"的心态去迎接挑战,
任何问题都会迎刃而解。

声音小的问题可以
通过发音练习来解决！

难易度 ★ ☆ ☆ ☆

当你想起某个人的时候，你首先会想起他的什么呢？
是他的面容、姿态、衣着或发型吗？
一般而言，随着时间的流逝，视觉印象会变得越来越模糊，
而听觉印象（也就是声音）会变得越来越深刻。
声音是人的另一张脸，
它既可以吸引他人，也可以将他人推远。
那么，什么样的声音能吸引人呢？
当然是大气又尽显自信的声音，
它会给人留下非常深刻的印象。
只要好好练习发音，你也能发出洪亮的声音。

注意口型和呼吸

我们平时说话都是通过口腔发声的。

要想发出洪亮的声音，秘诀就是张大嘴巴，同时进行腹式呼吸。

我们之所以能发出声音，

是因为呼出的气流使声带发生了振动。

声带振动时稍微张开嘴巴会怎样呢？声音不会明显变大。

所以说话时一定要张大嘴巴。

舌头的位置也很重要。舌位越低，口腔的空间越大。

另外，进行腹式呼吸能使声音洪亮。

先吸一大口气，让肚子鼓起来，然后边吐气边发出"啊——"。

这样练习可以让你发出响亮的声音。

"唤醒"声音的腹式呼吸法

1. 将双手轻轻放在腹部，用鼻子和嘴巴呼气，把气呼尽。

2. 闭上嘴巴，用鼻子缓慢吸气，直至吸入的空气充满整个胸腔。

3. 将吸入的空气一点儿一点儿地通过嘴巴呼出来。

4. 在吸入的空气快要呼尽时，用力把剩余的空气快速呼出来。

5. 将步骤2~4重复五次以上。

学会准确发音（一）

发音准确的重要性不亚于声音洪亮。只要发音准确，即使声音小，
也能把想说的话准确地传达给对方。

汉语拼音主要由声母和韵母组成。声母和韵母的音都要发得准确。

先按照拼音字母表的顺序一个个地练习发音，

如果觉得某个拼音字母的音比较难发，

就找包含这个拼音字母的词语练习发音。

例如，如果觉得拼音字母"l"的音难发，

就多练习说"嘹亮"这个词。

升级秘诀

听听自己的声音吧！

想吃炸酱面吗？

1. 和朋友聊天时，用录音设备将聊天的内容录下来。

2. 播放录音并认真听。

3. 将自己发音错误的词句记在笔记本上，反复练习。

03 语速不当

畅畅老师
咨询时间

口头表达真的太难了，语速太快不行，太慢也不行。

语速稍快或稍慢都是可以的，并不是什么大问题。老师想知道的是，你一开始为什么说得那么快呢？

因为我忽然想到了一个好点子，想快点儿和同学们分享。

哦，原来是你太心急了。那为什么后来说话又慢吞吞的，像小乌龟一样呢？

我以为一个字、一个字地说，大家听得更清楚。

要以别人听得清、听得懂的合适语速说话。只有这样，别人才能理解你的话，你们的沟通才能顺利进行下去。下面我们就来学习如何控制语速吧。

口头表达时
要注意语速！

难易度 ★ ☆ ☆ ☆

说话和开车有相似之处，都要注意速度。

开车时速度太快，容易发生交通事故；

而速度太慢，又会妨碍交通。

同样，说话的语速太快，会让人听不清；

而语速太慢，又会导致谈话无法顺畅地进行。

所以语速适宜对表达、沟通很重要，

说话时语速适中、不紧不慢，会给人留下好印象。

一个人要想改变习惯的语速并不容易，

需要花时间慢慢练习。

试着调整语速！

平时说话快的人注意放慢语速，平时说话慢的人注意加快语速。

1.给语速太快的人的建议

语速太快意味着说话不停顿。

说话不停顿会怎么样呢？

如果你不停顿地快速说出"姐姐她进屋了"，

听的人可能分不清到底是谁进屋了；

而如果在"姐姐"或"她"后面稍做停顿，语意就十分清楚了。

就像写作文时要使用标点符号来表示停顿一样，

进行口头表达时也要适当地停顿。

请记住，不要一口气把一句话说完，

在合适的地方稍做停顿，表达效果将立刻不同。

2. 给语速太慢的人的建议

说话太慢、停顿太多，也不利于口头表达。

"姐……姐……她……进……屋……了。"这样说话太慢了。

你可以试着以词语为单位进行停顿，语速会快得多。

试着快点儿说这句话，注意不要把字音拖长。

因为不管你在说话时如何停顿，一旦把字音拖长，

就会给人留下说话慢吞吞的印象。

升级秘诀

根据实际情况调整语速

有意识地根据内容调整语速可以增强表达效果。

情境1 讲重要的事情时 ··· 语速适当放慢有助于听的人集中注意力。

情境2 讲难懂的知识时 ··· 语速适当放慢便于听的人理解。

情境3 讲轻松的话题时 ··· 语速稍快可以引起听的人的兴趣。

学会准确发音（二）

语速不当造成的最大问题就是，

别人听不懂你的话。

如果你发音还不准确，别人就更难听懂并领悟你的意思了。

如果讲故事时连基本意思都不能准确表达，

那故事再有趣又有什么用呢？

通过朗读来练习发音再好不过了：

翻开一本书，吐字清晰地朗读书上的内容。

坚持练习，

不知不觉你就能充满自信地与人交流了。

升级秘诀 　成为发音达人

请吐字清晰地读下列绕口令。

绕口令1 ···▶ 峰顶有藤棚，棚上挂铜瓶。风吹藤棚棚碰瓶，风吹铜瓶瓶碰棚。

绕口令2 ···▶ 白庙外蹲着一只白猫，白庙里有一顶白帽，白庙外的白猫看见了白帽，叼着白庙里的白帽跑出了白庙。

04 爱说消极的话

28

太奇怪了，我只是坦率地说出心里话，但同学们好像都不太能接受。为什么呢？

想知道同学们的想法吗？你不妨换位思考一下：假如你和朋友一起去吃烤肉，你很爱吃烤肉，你的朋友却发牢骚说"烤肉不好吃"，你会怎么想呢？

我会很扫兴，不想再吃了。

相反，如果朋友一边吃一边说"太好吃啦！烤肉最棒！"，你又会怎么想呢？

我会觉得烤肉更好吃了，和朋友也会更亲密。

你吃的烤肉没有变，但是听到赞美的话，你会觉得烤肉更好吃了；而听到否定的话，你会觉得烤肉没那么好吃了。语言有时有魔法，具有改变心情和行为的力量。请记住，说积极正面的话可以让朋友们更愿意与你交流！

积极正面的语言
有助于你交到更多朋友！

难易度 ★ ☆ ☆ ☆

装了香料的袋子会散发香气，
捆过臭鱼的绳子会沾染腥臭味。
就像香料会散发香气一样，
积极的心态会催发积极的语言；
就像臭鱼会发出腥臭味一样，
消极的心态只会催发消极的语言，
所以，我们通常通过一个人的语言来判断他的想法或性格。
说话消极的人不讨人喜欢，
因为他的想法和行为通常是消极的。
要想解决这个问题其实非常简单，
只要保持积极的心态就好了。
下面就来看看有哪些秘诀吧！

一句良言能改变人的心情！

积极的心态催发积极的语言，

反过来，积极的语言亦能催发积极的心态。

重复说积极的话能让人心情开朗起来，

所以要有意识地培养自己说话积极的习惯。

1. 餐桌上出现了你讨厌的黄瓜，你应该怎么说？

哎呀，又是我最讨厌的黄瓜！

⋮试着这样说

我不喜欢吃黄瓜，但它对健康有益，我尝尝吧！

2. 看到朋友穿了一件不合适的衣服，你应该怎么说？

你怎么穿了一件这么奇怪的衣服？太搞笑了。

⋮试着这样说

哇！你今天好酷！太有个性了。

换个方式表达以后感觉怎么样？不爱吃的黄瓜变得可口了，

朋友有点儿奇怪的穿着看起来顺眼了，

大家也会因为你说话积极正面而对你产生好感。

控制好自己的脾气！

带着负面情绪说话，很容易越说越生气；

而越生气，就越容易对别人说出过分或消极的话。

那么，人为什么会生气呢？

生气是人的次生情绪。

当心中的痛苦、悲伤等负面情绪积累到一定程度时，

人就会以"发火"的形式把这些情绪发泄出来。

如果不加以控制，任由心中的怒火肆意喷出，

那就会像大火蔓延，所到之处皆为废墟一样，

负面话语中的负能量将波及听的人，让听的人伤心。

所以，不要把痛苦、悲伤等负面情绪一直憋在心里，

通过恰当的方式，比如运动、玩游戏、听音乐、找朋友倾诉等，

将心中的负面情绪及时宣泄出来吧。

升级秘诀

暂停! 从1数到10。

发火的时间通常不会很长。

随着时间的推移，人的火气会慢慢消退。

所以，当你怒不可遏，想破口大骂或指责别人时，

请在心里对自己说"暂停"，然后慢慢数数：

"1, 2, 3, 4, 5, 6, 7, 8, 9, 10。"

这样，你的心情就会渐渐平静下来，

你会发现那些几乎要破口而出的气话消失了。

05 自说自话

多谈，我好苦恼啊，能和你聊聊吗？

发生什么事了？

我想和艺珍交朋友，但她好像有点儿讨厌我……

我也有过这样的经历。一年级时，我想和一个叫小松的女孩交朋友……

当时呀……

真是的，只顾自说自话。

唉？人呢？

畅畅老师
咨询时间

我到底做错了什么？
我听了他的苦恼，
就跟他分享我相似的经历，
这有什么不对的吗？

我相信你确实想帮助朋友，所以才感到委屈。
但是，你的朋友想跟你诉说他的苦恼，
想和你好好聊聊，对吗？

对，我也是想跟他好好聊聊
才说了我自己的经历。

聊天应该是你来我往的对话。
如果其中一方只顾说自己的，不给对方说话的机会，
那就不是对话，而是一个人的演讲了。

演讲？

其实聊天就和打球差不多，如果有个人
一直霸占着球，那其他人都会很烦，对吧？
而且一个人拿着球玩很快就会觉得很无聊，
和别人交替持球才能玩得开心。
聊天也是同样的道理。

对话需要
双方配合完成！

口头表达能力就是口才。
一个人能在众人面前游刃有余地演讲，
说明他拥有良好的口头表达能力。
但是对话与演讲不同，它是人和人之间的交流。
人和人之间通过语言交流，
彼此分担忧愁，分享快乐。
不要只顾劝告别人、炫耀自己或者发牢骚。
请记住，对话就像打乒乓球，
需要有来有往，需要双方配合才能完成。

乒乓，乒乓，提问吧！

对话就像打乒乓球，乒——乒、乒——乒，

双方互相配合才能完成对话。

不知道如何引导话题？

没关系，你可以看着对方，抛出一些问题，

比如"你是怎么想的？""这种时候该怎么办呢？"。

要学会提问，这样"球"自然就落到了对方面前。

如果问题太难，对方答不上来，你就另找一个话题，

比如"我好期待今天的体育课"。

成为善于倾听的人！

认真地听别人说话就是倾听。

进行对话很重要的一点就是听对方说话。

当朋友向你倾诉自己的烦恼时，

你能认真听对朋友来说就是莫大的安慰。

即便朋友说的是一件无关紧要的小事，

你也要耐心地听他说完并且真诚地安慰他，这很重要。

请记住，善于倾听是成为口头表达小能手的秘诀之一。

1.随声应和

听别人说话时，我们应该做什么呢？

与其默默地、呆呆地听着，不如点头应和。

如果想认可对方的话，可以这样说：

"你说得对！""没错，就是这样！""可不是！""有道理！"……

我能和艺珍
友好相处吗？

当然，肯定能.

2.复述

复述对方的话也有助于你与对方对话，
因为这说明你在听对方说话时全神贯注，
理解了他想要表达的意思。
不过，不要像复读机一样完全重复对方的话，
而要用自己的话进行简短的概括。
例如，对方说"我家的猫咪生了五只小猫"，
你可以说"哟，你家添新成员啦！"。
这样，你就可以轻松地将对话进行下去了。

06 啰啰唆唆

迟到后

对不起，我迟到了！

你迟到了半小时！

怎么到得这么晚？

这就说来话长了，我早上起床以后我妈说昨晚我的房间乱糟糟的让我打扫打扫房间再出门我整理时不小心把桌子上的笔筒碰翻了……

他在说什么？

哎呀，我说到哪儿了？说到打扫房间了吗？

不就是因为打扫房间迟到了嘛！一句话就能说清楚的事，你怎么这么啰唆？

哎哟，真是个话匣子！

什么？我是话匣子？

第一次听到这么一长串的话，真无聊！

朋友们觉得我的话很无聊，
还说我是话匣子。
我好难过。

听到这样的话，难过是难免的，有的人甚至会因此害怕和别人说话。但是你有没有想过，朋友们为什么觉得你说的话很无聊呢？

好像是因为我的话又长又乱。
我说话的确有这个问题，其实我想说得简短些，但说着说着就没完没了了。

有可能。这样很容易同样的内容颠来倒去地说，也很容易语无伦次。

您说得对！我说着说着就忘了自己想说什么了，于是就会说很多漫无边际的话。我该怎么办呢？

别担心，我们来进行"话匣子大作战"！说话和写作文不同，你说话总像写作文一样长篇大论，才有这样的问题。如果你改掉这个习惯，情况就会大不相同。

41

长篇大论的原因
是抓不住重点!

难易度 ★ ☆ ☆ ☆

说话与写文章不同。
写文章要求情节完整、内容充实,
而说话没有这些要求。
要想让别人一下子就听懂你的话,
学会长话短说很重要。
越是重要的事情,就越要说得简洁,
这样才能向别人准确表达自己的意图,
同时给别人留下好印象。
你还要认识到一点:
比起倾听,人们更喜欢倾诉,
你的话越简洁,别人才越愿意听你说话。

理顺逻辑

平时说话不要像校长致辞一样长篇大论!

只要把自己啰唆的话都写下来,你就知道这些话有多无聊了。

> "这就说来话长了,我早上起床以后我妈说昨晚我的房间乱糟糟的让我打扫打扫房间再出门我整理时不小心把桌子上的笔筒碰翻了然后又开始收拾笔筒。"

哎哟!句子间没有停顿,一口气读完让人上气不接下气。

我们先把这些句子断开。

> "这就说来话长了/我早上起床以后/我妈说昨晚我的房间乱糟糟的/让我打扫打扫房间再出门/我整理时不小心把桌子上的笔筒碰翻了/然后又开始收拾笔筒。"

再把句子的逻辑理顺。

> "我昨天晚上没打扫房间就睡了,所以今天早上需要打扫房间。但是,我打扫时不小心碰翻了笔筒,又收拾了半天,所以来晚了。"

怎么样?这样的话无论是谁都能听懂吧?

掐头去尾，只讲要点！

掐头去尾就是不赘述，只讲要点，

这可以说是提升口头表达能力的一个十分重要的秘诀。

与其面面俱到地说很长一串话，

不如用短句表达核心意思，

这样更容易让对方集中注意力，

你也能说得更从容，你和朋友的交谈也会更加愉快。

所以，试着放弃不重要的内容，只讲要点！

掐头去尾了，
快吃吧！

"我昨天晚上没打扫房间就睡了，所以今天早上需要打扫房间。但是，我打扫时不小心碰翻了笔筒，又收拾了半天，所以来晚了。"

⋮ **试着这样说**

"临时要收拾房间，所以来晚了，抱歉！"

怎么样？想说的意思都准确表达出来了吧？

这样表达能让你成功摆脱"话匣子"的绰号！

升级秘诀

练习提炼核心内容！

多练习提炼核心内容，

你将渐渐养成说话时说重点的习惯。

试着把以下对话中B真正想说的内容提炼出来。

A： 你感冒了？

B： 昨天我去找朋友的时候突然下雨了，我本来想买一把雨伞，但是没找到卖雨伞的地方。我淋了雨，衣服都湿透了，结果就感冒了。

⋯▶ **核心内容：**

答案：嗯，我昨天淋了雨，所以感冒了。

阶段 2

口头表达进阶

他人的认可度

引用数据
和事实的能力

举一反三
的能力

老师的激励

素材的积累

得到他人的认可、能够举一反三、
善于引用数据和事实、不断积累素材，
以及找到一位合适的老师，
都有助于你提高口头表达能力，
准确传达意思。

07 站在对方的角度

畅畅老师
咨询时间

我没法和我弟弟好好说话。他什么事都做不好，什么也不懂，还每天顶撞我。真的太烦人了。

你站在弟弟的角度考虑过吗？你像弟弟这么大的时候，什么都做得好吗？生僻的词语都能听懂吗？你这样说弟弟，他一定很伤心、很郁闷。

嗯……我想起来了，我像弟弟这么大的时候，也不懂"老牛拉破车"是什么意思，也撕不开方便面的包装袋……

你看，只站在自己的角度看问题，很容易不满和发脾气。你要试着站在对方的角度看问题。

站在对方的角度？

你应该见过妈妈弯下腰注视着孩子的眼睛跟孩子说话的场景吧？弯下腰看着孩子的眼睛说话，代表妈妈试图站在孩子的角度去理解孩子。对话时，站在对方的角度看问题很重要。

对话需要
互相理解、互相认可

难易度 ★ ★ ☆ ☆

对话时无视对方或自以为是，结果会怎样呢？

对话一开始，双方就会产生矛盾。

所以一定要站在对方的角度看问题。

换位思考意味着你有一颗善解人意的心，

你在告诉对方"我和你一样""我真心想和你沟通"。

对话时还要注视对方的眼睛，

这样做会让对方觉得你的话可信，

从而提高对你的认可度。

试试换位思考！

换位思考，就是站在对方的角度看问题。

即使面对的是同一个问题，双方也可能想法完全不同。

平常与人沟通时，要注意换位思考。

● **换位思考练习**

试着站在男孩子的角度看问题。

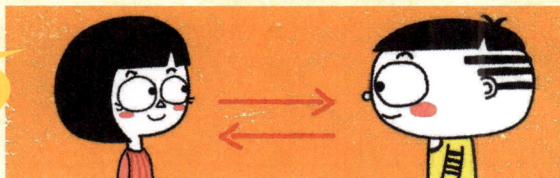

试着站在女孩子的角度看问题。

试着站在父母的角度看问题。

试着站在弟弟的角度看问题。

试着站在哥哥的角度看问题。

试着站在老师的角度看问题。

寻找共同点

要想提高彼此的认可度，就要寻找双方的共同点。

聊聊你们的共同点，你们很容易就会互相认可了。

● **聊一聊，找共同点**

"咦，你也戴眼镜？你的眼镜是在哪里买的？很好看！"

"真的吗？哇！果然英雄所见略同！好开心。"

"原来你也喜欢这位歌手啊！我也是他的粉丝。你最喜欢他唱的哪首歌？"

秘诀 2

面带微笑

如果对方皱眉头，你也会皱眉头；

如果对方面带微笑，你也会面带微笑。这就是镜子效应。

微笑具有神奇的力量，它能让沉重的话题变得轻松愉快，

让心绪不佳的人心情舒畅。

要养成对话时面带微笑的习惯，

这样能提高别人对你的认可度。

笑还有你可能不知道的魔力。

● 笑的魔力

1. 每天大笑15秒可以增强免疫细胞的活性。
2. 笑可以消耗热量，所以多笑有助于减肥。
3. 笑可以使人的肠胃蠕动变得活跃，进而促进消化。
4. 笑的时候人的大脑会分泌血清素、多巴胺等神经递质，而这可以有效预防抑郁症。

身体健康是我们和别人愉快交流的前提。

对不起。你不是喜欢踢足球吗？我们一起去踢足球吧！

踢足球？好啊，好啊！

踢足球你最在行啦！

谢谢，你的防守技术也不赖！

08 用数据和事实说话

朋友们，谢谢你们来参加我的生日派对，祝大家用餐愉快！

我在减肥，只吃一个鸡腿吧。

多莱，想减肥的话别吃鸡腿，吃鱿鱼吧，鱿鱼的脂肪含量更低。

是真的吗？

啊？

是真的，你就相信我吧！

这只鱿鱼可比鸡腿大多了！

对呀，鱿鱼的热量也很高。

我该怎么做才能让他们相信我的话呢？

还是我的猫粮最好吃！

说什么呢，肯定是骨头最好吃！

我既没有说谎，
也没有吹牛，我说的都是真的，
为什么朋友们都不相信我呢？

遇到这样的事，你一定很苦恼。不过，
老师也很好奇，为什么比起一整只大鱿鱼，
一个小小的鸡腿更容易让人发胖呢？

我这样说是有科学依据的。一般一只正常
大小的烤鱿鱼的热量是198千卡，而一个正常大小的
炸鸡腿的热量是211千卡，这是我在报纸上看到的。

哦，你这样说我就知道是怎么回事啦，
你说的话的可信度一下子提高了不少。
你如果当时也这样和朋友们说就好了，
这就是引用数据的妙处！

引用数据？

对，通过引用数据来提高
话语的可信度。

难易度 ★ ★ ☆ ☆

提供准确的数据或事实可以提高话语的可信度！

如果某领域的外行和专家就同样的话题进行阐述，
人们会更专心听谁说，更愿意相信谁的话呢？
当然是专家。

为什么会这样呢？

你如果多听专家们讲话，就会发现他们有一个共同点——
提及自己专业领域的东西时，
往往会给出经调查或实验得到的准确数据或结果。
因此，专家的意见往往听起来更可靠、更有说服力。
正所谓"事实胜于雄辩"，
引用准确的数据或事实能够提高话语的说服力，
就如同地基牢固的房子能够长久矗立一般。

我是由1256块砖砌成的！

在对话中灵活运用数据

"工业革命是什么时候发生的？"

如果有朋友问你这个问题，你该怎么回答呢？

如果你回答"是18世纪"，

朋友可能会接着问"真的吗？你确定吗？"；

而如果你回答"工业革命是18世纪60年代起

在英国开始的一系列生产与科技革命"，

朋友肯定会一边点头一边说

"哦，原来如此！你是怎么知道的呢？"。

像这样通过引用数据阐述事实会让你显得很专业，

无形间提高了话语的可信度。

● 提高话语可信度的练习

"53%的人赞成这个意见。"

"那期节目的收视率达到了25%。"

"参与这次班级讨论的20人中有12人表示赞成。"

使用正确的术语!

使用正确的术语也有助于提高话语的可信度。

我们来看下面的例子。

以上两种情况的差异在于,当事人是否知道自己行为的严重性。

你如果能使用正确的术语,就可以准确地表达自己的想法,

对方也能立刻明白你想表达的意思。

所以平时要多留心,注意积累术语。

自制信息手册

你通过广播、电视、互联网等媒体可以获取各种各样的信息，
而夹杂在这些信息中的术语或数据等
往往随着时间的流逝渐渐被你遗忘。
你如果准备一本信息手册，
随时将看到的一些感兴趣的内容记录下来，
那么在日常的交谈中就可以用到这些内容。
记录并运用这些内容有助于你加深对它们的理解，
比死记硬背好多了。

09 学会找话题

你们知道有一种植物能捉苍蝇吃吗？

真的？什么植物？

捕蝇草。它的叶子可以围起来，一有苍蝇之类的小昆虫落到叶子上，叶子就立即合拢，把小昆虫消化掉。

哇！大虎，你怎么什么都知道？

大虎，你真有学问！

我也想像大虎一样，可说点儿什么好呢？好像没什么可说的。

唉！为什么我不能像大虎一样讲些有趣的事呢？

我也是，说话一点儿也不幽默，好伤心。呜呜呜！

60

我也想像大虎一样
言谈风趣幽默。
大虎说的每一句话都很有趣,
他是有什么诀窍吗?

你猜对了!当然有诀窍啦!

真的吗?畅畅老师知道
是什么诀窍吗?快教教我!

诀窍比你想的简单,其实就是对周围的事物
保有好奇心,善于观察周围的事物。

保有好奇心,
善于观察?好神奇!

有了好奇心和观察力,
你就能构建自己的知识库,
这是每个人都能做到的事。

难易度 ★ ★ ☆ ☆

对周围的事物保有好奇心，善于观察周围的事物

很久以前的人就喜欢听故事，会讲故事的人总是很受欢迎。

正是因为有这些会讲故事的人，

许多民间故事才得以口口相传，流传至今。

现在，人们还是喜欢听故事，

会讲故事的人还是走到哪里都很受欢迎。

但是，把故事讲得生动有趣的能力并不是一个人生来就拥有的。

拥有这种能力的人基本都有一个共同点：

对周围的事物保有好奇心，善于观察周围的事物。

所以，只要有好奇心，能认真观察周围的事物，

你肯定也能发现自己感兴趣的东西，找到有趣的故事。

怪物的屁股上长了一只犄角。

哈哈哈，笑得我肚子疼！

充实知识库

说话就是用嘴巴把心里的想法表达出来。

我们的大脑就像一座仓库，分门别类地储存着各种信息。

如果一个人的大脑里空荡荡的，什么都没有，结果会怎样呢？

他肯定说不出有趣的话，即便他是一个能说会道的人。

反之，如果一个人总是用知识武装大脑、充实大脑，

他的脑海里就会源源不断地涌出各种生动有趣的"语言"。

大脑里储存的信息就是与人交谈时有趣的素材。

● 我的"仓库"有多满?

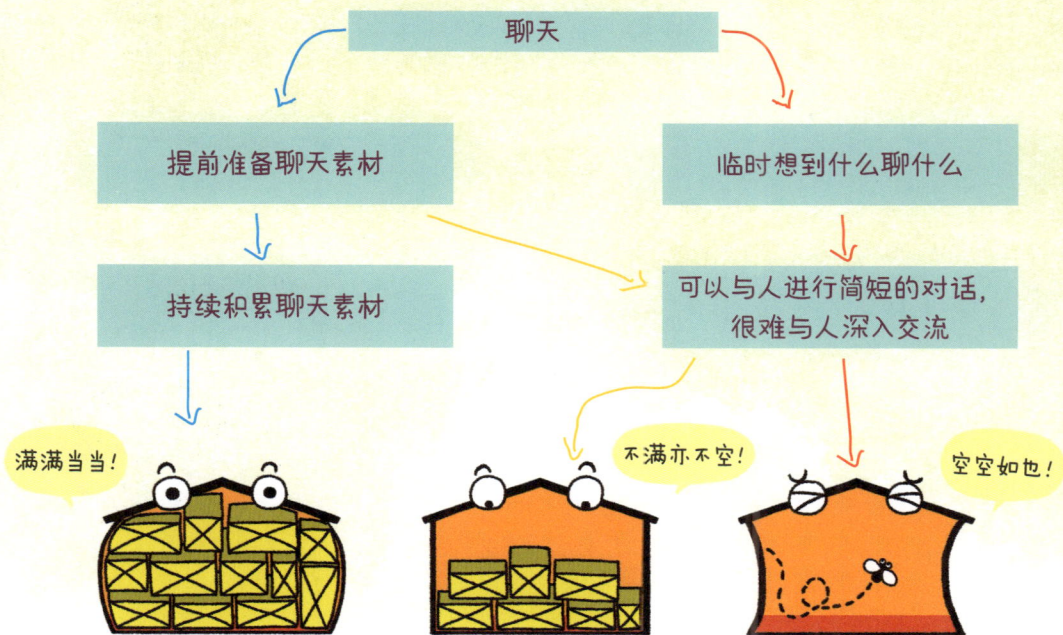

聊天

提前准备聊天素材		临时想到什么聊什么

持续积累聊天素材		可以与人进行简短的对话，很难与人深入交流

满满当当!

不满亦不空!

空空如也!

掌握积累知识的方法

1.认真观察周围的事物，多和朋友交流

有趣的聊天素材就在我们身边。

邻居家的小狗下了五只崽是素材，

从朋友那里听说的有趣故事也是素材。

2.多读书

读书是充实知识库最好的方法，

因为书中有数不尽的知识和故事。

没有一个口头表达小能手不是"小书虫"。

3.充分利用互联网和广播、电视

互联网是信息的海洋，

当你想获取信息时，你可以上网查询。

同时，你也可以通过广播、电视

了解当下的热点。

学会生动地描述

即使积累了再多的知识和有趣的故事，

如果不能将它们生动地表达出来，也是一场空。

哪怕和别人说的是同一个故事，

你如果拥有高超的表达技巧，

能调动他人的视觉、听觉、触觉、味觉和嗅觉，

就能让他人产生身临其境的感觉。

● 如何生动地描述

"刮风了，
有点儿冷。"
↓
"风呼呼地吹着，
我冷得瑟瑟发抖。"

"我喝了泡菜汤。"
↓
"我喝了一碗
滚烫的泡菜汤，
舌头麻酥酥的。"

10 运用成语、俗语或名言

大扫除时

我真的被恩熙的口才惊到了，她怎么那么厉害啊！

恩熙恰如其分地使用了成语和俗语。

哦，原来是因为使用了成语和俗语！

成语和俗语简短而生动，使用它们便于听的人理解我们的意思。名人名言也有这样的作用，在与人交谈时引用大家都熟知的名言能起到画龙点睛的作用。

那么使用成语、俗语或名言就是提高口头表达能力的秘诀之一喽？

当然啦，好好学习它们，你的口头表达能力能提高不少呢。

成语、俗语和名言
助你成为口头表达高手！

难易度 ★ ★ ☆ ☆

使用成语、俗语和名言能使你的表达更加丰富，
为你的表达增光添彩。

但是注意，不要不分场合地滥用成语、俗语和名言，
否则会让人腻烦，

甚至让人觉得你爱掉书袋。

此外，使用成语、俗语和名言的前提是
准确了解它们的含义，

如果你用错了，

反而会让人觉得你不懂装懂。

找准时机，恰当使用

成语、俗语和名言要在适当的时机合理地运用，

这样听的人才能准确理解你的意思，你们才能愉快地交流。

那么，什么时候使用成语、俗语和名言呢？

当你需要用很多词句才能说清楚你的意思时。

这样可以让人觉得你既幽默又有智慧。

进哪个存钱罐呢？这个怎么样？

这个太贵啦．

喜欢就买呗，为什么贵的存钱罐就不能买呢？

我们买存钱罐不就是为了把零花钱攒起来，积少成多吗？买这么贵的存钱罐，岂不是南辕北辙？

哈哈哈，我竟然没想到这一点．听你这么一说，好像是这么回事．

学习和积累成语、俗语和名言

成语、俗语和名言在我们的日常交谈中经常需要用到。

如果不进行相应的学习和积累，

一来你将很难理解别人使用时想表达的意思，

二来你自己无法在与人交谈时使用。

最好记住常用的成语、俗语和名言及其含义。

● **生活中常用的成语、俗语和名言**

白璧微瑕

→ 洁白的玉上面有些小斑点，比喻美中不足。

人心隔肚皮

→ 比喻别人的心思难以揣测，难以真正了解。

做贼心虚

→ 做了坏事怕人觉察出来而惶恐不安。

公说公有理，婆说婆有理

→ 每个人都认为自己有理，比喻观点很难一致。

千里之堤，溃于蚁穴

→ 千里长堤因小小的蚂蚁洞而溃决，比喻小事不注意，就会出大问题。

雁过拔毛

→ 比喻人爱占便宜，见到好处就要乘机捞一把。

城门失火，殃及池鱼

→ 城门着了火，人们用护城河的水救火，水用尽了，护城河里的鱼却因缺水而死了。比喻无端受连累。

不知所云

→ 形容人说话逻辑混乱，表达不清。

升级秘诀

每天记一句成语、俗语或名言

你只有将成语、俗语和名言记得烂熟，
才能在有需要的时候脱口而出。
给自己制订计划，每天抽时间记一句成语、俗语或名言。

一分耕耘，一分收获！

11 选择一位老师吧!

多读书,多表达,管理好表情!只要认真练习,你也可以成为口头表达小能手。

当然!

我现在自信了许多,到底什么时候才能成为口头表达小能手呢?

嘴角再向上提!

......

我要是能像他一样口齿伶俐该多好!

答对所有问题就能获得100万大奖!请发起挑战!

好棒!

好!从今天开始,这位主持人就是我的老师了!只要加强练习,不懈努力,我也可以做到!

加油!

72

我虽然已经很认真地练习表达了，但还是有很多不足之处，感觉离成为口头表达小能手还有很远的路要走。我能成功吗？

其实你现在离成为口头表达小能手已经不远了，这时很多人往往感到疲惫和不安。

没错，我就感觉有点儿疲惫。究竟最终能不能成为口头表达小能手，我心里没底。

这种情况下你需要再找一位老师。你选择电视节目主持人作为老师非常明智。每当你感到疲惫的时候，你的老师会给予你力量。

哦？那位主持人能给予我力量？他可是我在生活中见不到的人呢。

不是非得见面才能给你帮助或建议，你只要看他写的书、听他在节目中如何说话就足够了。

73

老师是照亮
前进之路的明灯

难易度 ★ ★ ☆ ☆

你若想在某个领域有所建树，

得到相关领域能人的指导和建议

对开发你的潜力和提升你的实力有很大的帮助。

你即使不能与他见面，

只能通过电视节目或他写的书向他学习，

也能从他那里得到强大的力量。

所以，了解一下哪些名人或身边的人是口头表达高手，

从中选择一个你想要效仿的，把他当成你的老师，

将对你提升口头表达能力大有帮助。

如果你不知道怎么选择，没关系，可以先进行深入的分析。

每位口头表达高手都有特别擅长的领域，

有独特的表达技巧，

当你知道哪位高手拥有的能力是你最急需的，

你自然就会选择他作为你的老师，

让他成为照亮你进阶之路的明灯。

了解不同的口头表达高手

不同的口头表达高手在不同的方面能力出众：

有的语言极富感染力，有的语言幽默风趣，有的擅长辩论……

所以，先要了解自己哪个方面的能力最薄弱，

再选择在这个方面表现突出的人做老师，取长补短。

● **语言幽默风趣**

> **亚伯拉罕·林肯**
>
> "如果我真的有两副面孔，那我为什么要带着长得丑的这张脸出席这么重要的场合呢？"

● **语言极富鼓舞力**

> **温斯顿·丘吉尔**
>
> "我们绝不屈服，绝不投降，我们将战斗到底！"

● **语言极具感染力**

> **马丁·路德·金**
>
> "我有一个梦想，我希望有一天黑人小孩和白人小孩像兄弟姐妹一样，手牵手一起走。"

我知道的口头表达高手

从播音员、主持人、喜剧演员以及身边的人中，
找到自己想要学习、效仿的口头表达高手，
写下他的特长和秘诀。

名字：＿＿＿＿＿＿＿＿＿＿＿＿＿＿＿＿＿

特长和秘诀：＿＿＿＿＿＿＿＿＿＿＿＿＿＿＿

秘诀 2

后天努力是关键

有些口头表达高手超群的能力并不是天生的，

而是后天努力的结果。

在这里，我将向你介绍一位勇于挑战自我、超越极限的模范老师，

他就是古希腊优秀的雄辩家德摩斯梯尼。

他出生于公元前 384 年，那时能言善辩的人广受推崇。

但是，别说能言善辩了，

德摩斯梯尼天生是个结巴，连话都说不利索。

然而，他经过勤学苦练，最终成为一位雄辩家。

● 德摩斯梯尼的训练方法

1. 口含鹅卵石，练习准确、流畅地发音 → 改掉结巴的毛病

2. 在陡峭的山坡上一边跑一边练习演讲 → 使嗓音洪亮、气息悠长

3. 练习演讲的时候将剑柄挂在肩膀上 → 改掉说话时耸肩的习惯

升级秘诀

口头表达高手的秘诀——读书！

所有口头表达高手无一不爱读书。

通过读书获取各种信息，可以说是口头表达高手都有的习惯。

这个周末就去图书馆，怎么样？

图书馆里的书是根据主题分类摆放的，

你可以从自己感兴趣的类别开始，在书的海洋里尽情遨游！

只要努力，谁都可以成为雄辩家！

哇！德摩斯梯尼真了不起！

阶段

3

成为学校里的
口头表达小能手

自信

创新能力

逻辑思维

风趣

制造话题的能力

现在的你离终极目标——
成为口头表达小能手越来越近了。
在学校里和老师、同学们交谈时
最重要的就是自信，当然，还要会制造话题，
做到逻辑清晰、语言风趣、内容有新意。

12 自我介绍

祝贺大家正式成为漫画社社员，请每个人先做一下自我介绍。

好的！

大家好，我叫小俊，我的外号是"刺猬"，因为我的每根头发都直挺挺的，所以大家这么叫我，其实我性格非常温和。

你的介绍真有意思。

哇！
欢迎你！

我是小海，我的父母希望我的胸怀像大海一样宽广，所以为我取了这个名字。我希望自己像大海一样深沉，所以鞭策自己养成认真读书、思考的习惯。以后我们要好好相处哟。

认识你很高兴！

大家的自我介绍都好有特色，我没什么可介绍的，怎么办呢？

畅畅老师 咨询时间

新学期常常要做自我介绍，每当这时我都很为难。怎样才能像其他同学一样进行有趣的自我介绍呢？

前面两位同学的自我介绍真的很有意思，很新颖，他们用自己的外号或名字充分展现了自己的特点或个性。

没错，可是我既没有富有深意的名字，也没有有趣的外号，该怎么办呢？

重点不是名字或外号。这两位同学在做自我介绍时有一个共同点，那就是十分诚实——不过分包装自己，只是坦诚地介绍自己的真实情况。

不刻意修饰，只坦诚地介绍吗？

对，坦诚与有个性、有趣并不矛盾。试着坦诚地介绍你自己吧，你的个性自然就能展现出来了。

做自我介绍时
只介绍特性！

难易度 ★ ★ ★ ☆

介绍自己就好比在一张白纸上画自画像，
告诉别人自己是一个怎样的人。
如果只画眼睛、鼻子和嘴巴会怎样呢？
就会有些平淡无趣，
这样的自画像是无法给别人留下深刻印象的。
如果能在画像中展现自己的特性，效果就大不相同了。
例如，画出大笑时露出的酒窝，
画出脸上的雀斑并幽默地自我调侃一番，
肯定能吸引别人的注意力。
总之，做自我介绍的时候，坦率地说出自己的优点和缺点，
可以让别人觉得你既真诚又特别。

寻找与众不同的特性

自我介绍的内容一般大同小异，所以听起来都差不多。

要想在自我介绍时出众，就需要介绍自己引人注意的特性。

在自我介绍之前，好好想想自己和别人有什么不一样的地方。

"我最特别的是我的手指纤长，

不知道是不是因为这个，我的动手能力很强。"

"我胆子小，身体不太好，所以不擅长运动。

但只要是跟计算机有关的，我都特别擅长。"

"我是个吃货，对这里的美食店了如指掌。"

你的特性是什么？找出自己的特性，自我介绍就难不倒你。

升级秘诀

了解自己的特性

想一想自己有哪些与众不同之处，然后写下来。

既坦诚，又风趣

做自我介绍是用寥寥数语给别人留下好印象的重要机会，

所以有的人会在做自我介绍时包装自己或吹牛。

但是不要忘记，做自我介绍不是为了炫耀。

客观地介绍自己就够了，只有这样，听的人才会觉得舒服。

如果你觉得这样介绍自己过于平淡，没关系，

你可以讲得风趣点儿。

同样的内容，用风趣的语言表达，

肯定更让人印象深刻。

坦率地说出自己的特性，

但语言不要刻板生硬，

而应该生动有趣。

> 我脸上有很多雀斑，就像《长袜子皮皮》里的主人公皮皮一样可爱不是吗？

升级秘诀

成为微笑天使！	吐字清晰，声音洪亮！
做自我介绍时 先面带微笑地问好， 有助于增加别人的好感。	如果你说话像蚊子嗡嗡嗡一样， 谁也听不清你在说什么。 用洪亮的嗓音清清楚楚、 自信满满地介绍自己， 可以给别人留下深刻的印象。

先阅读下面的自我介绍，
然后将你的自我介绍写下来，
并微笑着大声朗读一遍，
最后进行脱稿练习！
你一定可以的！

志浩的自我介绍

你们好，很高兴认识你们。

我叫金志浩。

初次见面时，大家都会先问我的身高。

的确，我比别的同学矮得多。

不过，我虽然个子小，但是心胸很宽广。

我擅长运动，饭量很大，吃饭时总是第一个把饭吃光。

大家不要因为我长得矮就小看我、取笑我哟。

希望我们以后成为好朋友。

试着写一篇自我介绍吧！

大家对我毫不关注，怎么办？

做自我介绍时如果得不到同学们的关注，会很尴尬。

不过，个别同学不关注，不代表所有同学都不关注，

肯定有听了你的自我介绍之后对你很感兴趣的同学。

即使只有一两个同学关注你，不也足够了吗？

一个人哪怕只有一两个真正的好朋友，也是非常幸福的。

当然，如果想得到更多同学的关注，就需要运用一些技巧，

让你的自我介绍更有趣、更独特。

例如，你可以尝试大声说出下面这句话：

"同学们，我很喜欢唱歌，我给大家唱首歌吧。"

你如果舞跳得好，也可以尝试跳一段，

或者表演自己擅长的其他节目。

这样，你肯定能瞬间吸引同学们的目光。

13 上台发言

88

从我站到讲台前的那一刻开始，我的心就怦怦乱跳，脑子里一片空白。因为太紧张，我把发言的内容全忘光了。

看来你有演讲恐惧症呀。

演讲恐惧症?

当众发言或受到关注时身心不安，就是犯了演讲恐惧症，严重的话需要去看医生。其实你的这种情况，很多同学都经历过。

我想克服恐惧，自信满满地发言，老师有什么办法吗?

当然有啦! 这种程度的恐惧你用不了多久就能克服。办法很简单，就是多练习。记住，不练习是绝对不行的。

能否自信地发言 取决于练习量

难易度 ★ ★ ★ ☆

如果问顶级运动员取胜有什么独门秘诀，
他们的回答肯定是：反复练习！
练习就是战无不胜的利器！
2010年温哥华冬季奥运会女子单人滑冠军获得者金妍儿，
就是抱着动作完不成就绝不回家的信念咬牙坚持训练的。
无论是多么厉害的运动员，不日复一日地艰苦训练，
都无法取得好成绩。
上台发言也是如此。
练习不够的话，发言时就会忐忑；
反之，练习得越充分，发言时就越自信。
你如果通过反复练习掌握了上台发言的要领，
肯定会期待早点儿上台发言。

练习时运用技巧！

死记硬背并不能增强你的信心。

练习时要注意技巧，掌握事半功倍的秘诀。

1. 在理解的基础上背诵发言稿

如果记不住发言稿，发言时肯定会陷入窘境。

一定要在理解发言稿的基础上进行背诵，

这样才能收到良好的效果。

2. 练习像聊天一样发言

发言时最好表现自然，

所以练习时要尽量像在和别人聊天一样自然。

3. 适应站在众人面前的感觉

站在众人面前不怯场是成功发言的前提，

可以先练习在家人面前发言，弱化对上台发言的恐惧感。

4. 练习体态

发言时如果身体像竹竿一样硬邦邦、直挺挺的，你会非常紧张，

也会让听众觉得你不自然，所以练习时注意放松身体。

口头表达小能手的发言姿态

真诚地
看向听众

做一些不夸张的
动作来吸引听众
的目光

昂起头，
挺起胸，
姿态端正

升级秘诀

进行自我暗示

在上台发言之前，试着往好的方面想，
比如"我能做到！一切困难都会迎刃而解！"，
这样可以给予自己积极的心理暗示。

进行三段式表达!

1.开头、主体和结尾

将发言稿分为开头、主体和结尾三部分,
可以使你的发言稿层次分明、逻辑清晰。

开头 → 提出你的想法或观点。

主体 → 阐述你的想法或观点。

结尾 → 呼应开头,再次强调你的想法或观点。

2.开头和结尾决定成败

有了好的开头和结尾,发言想不出彩都难。
如果一开头就给听众留下了深刻的印象,
后续发言就能更加吸引听众的注意力。
结尾时用富有感染力的语气烘托气氛,
你的发言便会让人久久难忘。
如果开头和结尾十分精彩,即使中间有些失误或内容有些平淡,
整场发言仍然算是成功的。
第一句话一定要声音洪亮、充满自信地讲出来,
要是有点儿趣味性就更好了。
结尾时一定要再次强调发言的主题。

● 发言小技巧

1. 发言紧扣主题，分为开头、主体、结尾三部分，并且做到通俗易懂。

2. 开头语气强烈将令人印象深刻。

3. 结尾时再次强调主题。

4. 发言过程中最好做到语言幽默风趣。

5. 动作不要太夸张，以免分散听众的注意力。

解决问题的办法 这些时候这样做!

呼吸困难，什么都想不起来，怎么办?

开头表现得很不错，但是因为紧张，

忽然想不起下一句要说什么了，

感觉喘不过气来，脑子里一片空白。

遇到这样的情况时可以深呼一口气，

让怦怦乱跳的心平静下来，然后有意识地面露微笑。

微笑具有很强的感染力，你笑了，听众也会跟着笑起来，

这样你就会渐渐平静下来。

心情放松后你应该能够继续你的发言了。

被问到意料之外的问题，怎么办？

发言结束后，一般都有提问环节，

有时候发言者会被问到意料之外的问题。

遇到这种情况时，大多数人都会惊慌失措。

如果你是小组发言的代表，那么这时你可以向同组的伙伴求助。

"请问我们小组的成员，谁可以回答这个问题？"

如果小组成员也无法回答这个问题，

你只能坦率地如实相告：

"抱歉，我们还没有想好如何回答这个问题，

等我们查阅相关资料并进行深入思考后再为大家解惑。"

诚实且自信很重要。

14 演讲

竞选时

接下来由候选人郑多谈进行社长竞选演讲。大家欢迎！

我们社员现在看的漫画很多水平很低，如果我当了社长，我要进一些高水平的漫画……

漫画社

你的意思是说，我们现在看的漫画都很低级？

自以为是！

我们社团现在的管理制度也很混乱，社员们随意加入或退出……

漫画社

多谈真是个老顽固。

可是，进出自由不就是我们社团的优势吗？

祝贺多莱当选漫画社社长！

多莱，恭喜你！

大家为什么不选我呢？

我只是想解决我们社团存在的问题，让社团变得更好，他们为什么说我是老顽固呢？

我知道你的出发点是好的，但是你完全没有考虑其他社员的想法，只顾表达自己的观点，所以大家才无法理解你。

真的吗？但是演讲不就是要表达自己的观点吗？

演讲的目的是让大家了解你的观点，说服大家支持你，所以需要用内容和态度打动你的听众。

什么样的内容和态度能打动听众呢？

要想成为演讲高手，第一要保持谦虚的态度，第二要运用通俗易懂的语言！

谦虚的态度和通俗易懂的语言成就演讲高手

难易度 ★ ★ ★ ☆

你知道演讲者最常犯的错是什么吗？

是怀着"我要通过这次演讲让你们看看我有多聪明"
的念头去演讲，

在演讲时说很多晦涩难懂的词语。

这样的演讲往往让听众感到很无趣。

演讲者一定要展现谦虚的态度，

要明白自己站在台上演讲不是因为比别人出色。

演讲时最好使用通俗易懂的语言，

只有这样，听众才能立即理解并产生共鸣。

总之，就像和别人聊天一样，

以谦虚的态度自然地说话，

是打开听众心扉的最佳秘诀。

不使用晦涩的词语和复杂的句式！

口头表达能力强的人有一个共同点：

能把晦涩难懂的内容用简洁的语言清楚地表达出来。

在演讲时，特别是在开头，

尽量避免使用晦涩的词语和复杂的句式，

多使用易懂的词语和简单的句式。

最好用简单的开场白或吸引人的故事来开始你的演讲。

● **优秀的开头**

美国黑人民权运动领袖马丁·路德·金某场演讲的开头：

"今天，我高兴地同大家一起，参加这次将成为美国历史上为了争取自由而举行的最伟大的示威集会。"

升级秘诀

三分钟演讲练习

一首流行歌曲从开始到结束通常只有三分钟左右，

这是因为一个人注意力高度集中的时间大约为三分钟。

可以试着进行三分钟演讲练习，

学习如何在短短的三分钟内打动听众，吸引听众的注意力。

不是为"我"演讲，而是为"我们"演讲！

演讲的时候，演讲者要设法引起听众的共鸣，这一点非常重要。

第一个方法是和听众对视，

用充满感情的眼神看着听众会让他们觉得你很亲切。

第二个方法是站在"我们"而非"我"的立场进行演讲。

演讲者演讲的目的是为解决大家的问题而发声，

你不要提一些令听众感觉不舒服的问题。

你可以在写演讲稿之前广泛听取亲友的意见，

并和大家一起探讨、研究。

演讲的时候发现听众不感兴趣，怎么办？

演讲时间太长的话，通常会发生上面所说的这种情况。

这个时候，向听众提问是个好办法。

"大家赞同我的观点吗？"

"大家对我的意见有什么看法吗？"

"大家有什么更好的建议吗？"

像这样用提问的方式打破沉闷的气氛，

走神的听众就能重新打起精神，

继续认真听你演讲了。

听众记不住你演讲的内容，怎么办？

要想解决这个问题，你可以以有趣的故事开头，

或者在演讲时反复强调重要的内容。

这样，听众即使会忘了一部分内容，

也会牢牢记住有趣的和你反复强调的内容。

15 辩 论

应该多久给花草浇一次水？
1. 每周浇一次水。
2. 根据花草的特性安排浇水时间。

我觉得每周浇一次水比较好。

为什么？

因为省事啊。

2. 根据花草的特性安排浇水时间。

让我们站在花草的角度想一想。不同种类的花草对水的需求不同，仙人掌一般一个月浇一次水就可以，但是有些花草需要每天浇水。所以，我认为应该根据花草的特性给它们浇水。

没错，这样花草才能长得好。

花草长得好比我们自己省事更重要。

看来成为口头表达小能手，道阻且长啊！

应该多久给花草浇一次水？
1. 每周浇一次水。
2. 根据花草的特性安排浇水时间。

大家一起来调查不同的花草对水的需求，然后轮流给花草浇水，怎么样？

好啊，好啊！

同学们都站在恩熙那边，我好伤心。他们为什么无视我的意见呢？

他们不是无视你的意见，而是觉得恩熙的建议更好。恩熙为自己的观点提供了依据，很有说服力地阐述了自己的观点。

为观点提供了依据？

辩论时必须拿出令人信服的依据，逻辑清晰地阐述自己的观点，让自己的观点有说服力。

"如果每周给花草浇一次水，就很容易安排浇水负责人，因为浇水的时间是固定的，大家不容易忘。如果不同的花草浇水的时间不同，浇水的人很容易记错日子，这反而会害死花草。"原来我可以像这样说出合理的依据。

没错，就本质而言，辩论就是用自己的依据与别人的依据战斗。我们一起来学习辩论取胜的秘诀吧！

辩论是一场
依据与依据之间的战斗！

难易度 ★ ★ ★ ☆

辩论需要双方就不同的观点进行阐述，
这时，为自己的观点提供依据显得尤为重要。
合情合理的依据可以让原本持不同意见的听众
主动加入你的阵营。
要做到这一点，必须在辩论之前做好充分的准备：
既要寻找能够帮助你反驳对方观点的依据，
还要找到能够支撑你的观点、
保证其不被对方驳倒的依据。
因此，平时你要有意识地培养思考的习惯，
还要尽可能多地搜集不同主题的素材，
并将其分门别类地整理好。
此外，经常收看辩论类电视节目
对提高你的辩论水平也大有帮助。

辩论

找出对方的弱点

辩论时要认真听对方发言，

注意对方在阐述观点时是否存在逻辑上的漏洞。

只有完全了解对方的观点，才能进行有力的反驳。

反驳时，要抓住对方的漏洞逐一驳斥。

知己知彼，百战不殆。

只有对对方的优势和劣势都了如指掌，

才能百战百胜。

知己知彼，
百战不殆！

升级秘诀

辩论礼仪不可少

1. 不随意打断对方的话。

2. 得到发言权后再发言。

3. 辩论时不带浓厚的个人感情色彩，不可言语粗鄙。

4. 你如果是主持人，一定要公平公正。

进行"戏剧性反转"

辩论时应避免固执己见。

提出观点时，要小心措辞，

这时你可以进行"戏剧性反转"：

先肯定对方的观点，

比如"你的想法也不错，有这种可能"；

再表达自己的观点，

比如"但是你的观点有一个问题……"。

怎么样？话锋一下子就转过来了吧？

这样措辞听起来非常有礼貌，

有助于你打动听众。

反驳也要讲礼仪哟！

● **辩论小贴士**

1. 辩论成功80%靠倾听！认真听完对方的观点再进行反驳！

2. 找出最能支持己方观点的合理依据。

3. 无论是阐述观点还是依据，都要条理清晰、简明扼要。

4. 反驳对方观点时要有礼貌。

辩论时情绪过于激动, 怎么办?

辩论时, 辩手可能会因为对方不礼貌或强词夺理而情绪激动。

你在同朋友们聊天时情绪激动没有太大关系,

但是在辩论时, 你无论如何都不能让自己情绪过于激动。

否则, 即便你的观点是正确的,

你也难以令听众信服。

辩论时, 沉着冷静地表达非常重要。

情绪激动时你可以深呼吸, 冷静下来后继续发言。

我被对方说服了, 怎么办?

很多辩手可能都有过被对方说服的经历,

即便真的如此, 也不算什么。

如果经过辩论认为对方的观点更合理,

就干脆地承认, 真诚地为对方鼓掌吧。

只有能接受不同观点的人,

才能成为真正的辩论高手。

16 和朋友交谈

108

向朋友道歉或请求和好
有什么表达技巧吗?
老师,快教教我!

确实,不同的表达技巧
适用于不同的情况.

快告诉我吧.

我们已经讲过,上台发言、演讲、辩论时都
需要运用恰当的表达技巧,但和朋友交谈时
需要比技巧更重要的东西.

什么东西比
技巧更重要?

是真心.
运用技巧固然重要,
但更重要的是真诚地
表达自己的心意.

朋友之交，
贵在真诚

难易度 ★ ★ ★ ☆

你以真心待人，

对方也会真心待你，

朋友之间的真心格外可贵。

和朋友聊天的时候，试着敞开心扉吧。

只有信任和真情才能生发友谊。

给朋友提建议或忠告时也一样，

应表现得坦率、真诚。

有时候无须多言，

只要注视着对方微微一笑就能传达心意。

拉拉手或拍拍肩，都能给人莫大的鼓舞。

友谊拥有惊人的力量。

不说谎，不吹牛

朋友之间的信任会被什么打破？谎言。

当一个人对朋友说的谎言被揭穿时，

朋友之间的友情就会出现裂痕。

爱吹牛也不是好习惯，因为这会让人觉得你不值得信任。

说话风趣是优点，但不能夸大其词，不然别人可能会这样评价你：

"他喜欢夸夸其谈，总是说大话，他的话你只能信一半。"

不吝啬赞美之词

升级秘诀

要善于看到朋友的优点，

时常赞美朋友可以增进友谊。

善于称赞别人，说明你是一个乐观、积极的人。

赞美朋友可以给你和朋友带来正能量。

给朋友忠告

当朋友做错事时，给他忠告是很有必要的。

但是，给朋友忠告需要一定的表达技巧，

不要伤害对方，让彼此的友谊蒙上沙尘。

表达时不要太直白，委婉一点儿，

这样既能表明你的心意，又能守护你们之间的友谊，

可谓一举两得。

● **给予忠告的表达技巧**

1. 不说伤害别人自尊的话。

2. 说话时态度亲切、语气温和。

3. 私下给出忠告。

4. 同样的忠告只说一次。

解决问题的办法 这些时候这样做！

和朋友吵架了，怎么办？

吵架会伤害朋友之间的感情，

这时人们往往容易冲动地说出不得体的话，让情况更糟。

如果想跟朋友和好，就要站在朋友的角度想问题，

这样才能做出比较客观的判断，发现自身的问题。

承认自己的错误时要有诚意，道歉时态度要郑重，

比如"对不起，我之前说话太过分，请你原谅我，好吗？"。

与朋友和解后，双方还有些尴尬，怎么办？

不妨制造一些话题。

"你最近喜欢听哪位歌手的歌？"

"我跳绳跳得不太好，你呢？"

像这样，通过提问引出新话题是个不错的办法。

你如果和朋友约了单独见面，可以提前准备三四个话题。

聊聊有趣的电影、最近的见闻，很快你们就可以自然地交谈了。

成为生活中的口头表达小能手

理解他人的能力

亲和力

幽默风趣

发音准确度

礼貌

要想成为生活中的口头表达小能手，
你除了要发音标准、理解他人、幽默风趣外，
还要有礼貌，表现得很亲和。

17 问候他人

在辅导班里

116

遇到不怎么亲近的朋友也要打招呼吗？我不明白，为什么一定要打招呼呢？

人们的交谈基本从互相问候开始，如果彼此都沉默寡言，见了面不打招呼，那还能愉快地交谈吗？

如果不打招呼······好像彼此会有点儿生疏。

是的。问候他人不是例行公事，而是在向他人传达"我尊重你"的意思。这样想你是不是就能接受和人打招呼呢？

原来问候他人有这么大的作用啊！

热情地问候他人可以给人留下好印象，让人觉得你是一个十分亲切的人。问候他人也是口头表达小能手必备的一项技能。

问候他人是在
传达"我尊重你"的意思！

难易度 ★ ★ ★ ★

人们在见面和分别时都会互相问候。

"你好！""见到你很高兴！""再见！"等问候语
都包含着对对方的尊重。

问候虽简，意义颇深。

试想一下，

如果你熟识的人从你身边经过却不和你打招呼，
你是不是感到很伤心？

由此可见，即使是向他人致以简短的问候，
也能给人温暖。

也许你从前问候他人时不情不愿，
以后是不是要主动一些呢？

比起不打招呼，
一句亲切的问候可以让你的校园生活更加愉快，
让你和朋友更加亲密。

掌握各种问候方式

1.眼神问候

和对方用眼神交流、
用眼神打招呼的问候方式。
在不便说话的场合,
比如在图书馆或打电话的时候,
遇到熟人都可以简单地用眼神问候对方。
用眼神交流的同时挥手致意更显亲切。

2.普通问候

这是最常用的问候方式,
微微鞠躬,嗓音柔和地说"你好"。

你好.

3.郑重问候

这种问候方式主要用于婚礼、
宴会等正式场合,
需要你态度更加恭敬,
鞠躬时腰要弯得更深。

祝您福如东海,
寿比南山.

语调明快，动作自然！

回应别人的问候时，不要含糊其词地说"还行""就那样"，

而且要避免摇头晃脑之类的动作。

含糊其词和摇头晃脑会令对方感到不快。

遇到同学或朋友时，

最好用明快的语调说"你好！""见到你很开心！"之类的问候语；

问候长辈时，要毕恭毕敬地说

"初次见面，您好！""您好！""好久不见！"，

动作和神情都要得体。

> 畅畅老师，您好。

> 多谈，你好。

升级秘诀

养成问候他人的习惯

我们总会遇到陌生人，比如去银行会遇到银行职员，

去超市会遇到收银员，在走廊或电梯里也经常遇到陌生人。

你在遇到陌生人时要学会自然大方地问好，

有意识地培养问候他人的好习惯。

等你适应了与人打招呼，

原先的心理不适感就会渐渐消失。

◉ **特别的日子，情意满满的问候**

每年都有一些特别的日子，

比如元旦、春节，以及家人和亲友的生日等。

越是特别的日子，越需要互相致以真诚亲切的问候。

你的一句真诚的问候，能让他人在特别的日子里心情愉悦。

下面，根据要求写出相应的问候语，并大声读出来。

1. 致以新年问候

示例 新的一年，祝您身体健康、笑口常开！

2. 致以中秋节问候

3. 致以生日问候

4. 放假当天, 向同学致以问候

5. 开学当天, 向同学致以问候

向长辈问好的三个步骤

第1步 ···· 保持适当的距离, 端正姿势。

第2步 ···· 注视对方的眼睛, 微笑。

第3步 ···· 自然地低下头, 态度恭敬地向长辈致以问候。

从今天开始,
主动跟别人打招呼吧!

我和朋友打招呼，朋友却一声不吭地走了，怎么办？

你如果遇到这样的情况，心情一定很糟糕。

想到自己被无视，你可能一整天都闷闷不乐，

甚至再也不想和那个朋友说话了。

但是，朋友没和你打招呼，会不会事出有因呢？

比如他可能视力不太好，没有认出你；

抑或他有心事，没听到你说话。

以后再遇到那个朋友时，你不妨试探地问问原因。

你可以这样问："那天我跟你打招呼，你是不是没有听到？"

与其暗自猜疑、生闷气，不如态度真诚地主动询问原因。

我相信，你的朋友一定会坦诚相告。

18 和兄弟姐妹说话

畅畅老师
咨询时间

老师，你知道我弟弟有多讨厌吗？姐姐也让我很烦！如果他们俩都消失就好了。

多谈，不可以说这样的话。他们都是你的亲人啊！

可是他们总是让我很生气、很失望。为什么我的兄弟姐妹都是这样的呢？

因为兄弟姐妹是关系十分亲密的人，所以兄弟姐妹之间说话往往比较随便。也正因如此，兄弟姐妹更容易用言语伤害彼此。不过，我这里有解决兄弟姐妹纠纷的秘诀。

真的？什么秘诀？

就是讲礼貌！和兄弟姐妹相处也要讲礼貌，和兄弟姐妹聊天也要表现出自己的尊重。只有这样，才能减少与兄弟姐妹的矛盾。

与兄弟姐妹说话
也要讲礼貌!

难易度 ★ ★ ★ ★

我们应该如何与兄弟姐妹相处?

兄弟姐妹是我们在这个世界上十分亲密的人。

正是因为与兄弟姐妹太亲密,

我们更容易说出过分的话或做出过分的举动,

从而伤害对方,有时这种伤害甚至会引发尖锐的矛盾。

彼此越是亲密,越需要互相尊重,

这样才能保持和谐的家庭关系。

对待兄弟姐妹应该和对待其他人一样,

表现出自己的尊重。

彼此越亲密，就越要讲礼貌！

与兄弟姐妹说话时，要注意以下几点。

1. 像跟其他人说话一样，态度亲切。
2. 有事需要兄弟姐妹帮忙时，不要命令他们，而要恭敬地提出请求。
3. 换位思考，如果对方因心情不佳不想说话，不要强行找对方说话。
4. 不使用"喂"等不礼貌用语。
5. 不开过分的玩笑或说难听的话。

除了言语上需要注意，行为上也要注意。
不要不敲门就进兄弟姐妹的房间，
不要未经允许就使用兄弟姐妹的东西，
也不要偷看兄弟姐妹的手机或日记，
更不要动手打人。

多蔚，你最近在玩什么游戏呢？我们一起玩吧。

好啊，哥哥！

升级秘诀

"能帮我做……吗？"

当你需要兄弟姐妹的帮助时，一定要注意自己的言辞。
兄弟姐妹之间说话往往不拘小节，习惯用命令的语气说话，
比如说"快去做……"。我们应该有礼貌地请兄弟姐妹帮忙，
比如询问兄弟姐妹"能帮我做……吗？"，
这样肯定能减少矛盾。

说话时不要冲动！

和兄弟姐妹聊天时，什么样的话最有可能引发矛盾呢？

情绪冲动时说的话，即情绪化的语言。

平心静气地交谈能减少兄弟姐妹之间的矛盾。

如果你在和兄弟姐妹聊天的过程中突然情绪不佳，

可以想办法调节自己的情绪。

● 调节情绪的方法

1. 在心里默默数数。
2. 深呼吸至少三次。
3. 抱着抱枕或玩偶，让自己冷静下来。
4. 喝点儿水，做些简单的伸展动作，让自己放松。

升级秘诀

注意肢体语言

聊天不仅仅靠嘴巴说，也靠手势、表情、眼神传达意思。

例如，你捧腹大笑表示你觉得什么事情非常有趣。

听别人说话时，不要傲慢地抱着胳膊、

对对方指指点点或翻白眼，

一定要注意自己的肢体语言。

与兄弟姐妹发生了冲突，怎么办？

兄弟姐妹之间即使感情很好，有时也会发生冲突。

此时，默默忍受反而不好，因为矛盾累积到一定程度就会爆发，

那时你们可能会发生剧烈的争执。

相反，及时沟通能避免很多争执。

"你这样做让我很生气。你为什么对我发火？我们好好聊聊吧。"

像这样，冷静地和对方沟通一番，你们之间的矛盾就消除了。

我经常控制不住地冲兄弟姐妹发火，怎么办？

你知道吗？生气也会变成一种习惯。

重复某种行为就会形成习惯。

和兄弟姐妹聊天的时候，你是不是总爱扯着嗓子大声说话？

你还皱着眉头，一副不耐烦的样子？

下次和兄弟姐妹聊天的时候，试着对他们微笑，

用沉稳的语气、温柔的声音对他们说话。

像这样尝试几次，你就能渐渐改掉爱生气的习惯。

19 和长辈说话

130

畅畅老师
咨询时间

唉，和长辈聊天真的太难了，我总是不知道说什么。

怎么了？
出什么事了吗？

我奶奶一会儿让我做这个，一会儿让我做那个；一会儿问这个，一会儿问那个；还老让我吃我不想吃的东西。所以我总想躲着奶奶。

大人有时候的确有些啰唆和无趣，但是多谈，你不觉得你的言行也有不妥的地方吗？

老师，您是说我也有做得不对的地方？

奶奶进门的时候你应该热情地和她打招呼。奶奶给你夹了菜，你即使不爱吃，也应该说声"谢谢您"。跟长辈说话的时候一定要有礼貌，这一点很重要。

和长辈交谈时，
要恭敬地说出第一句话！

难易度 ★ ★ ★ ★

有句话说得好，

"良好的开端就是成功的一半"。

对话时的第一句话很重要，

因为它决定了后续对话的走向。

和长辈交谈时，

要恭敬地说出第一句话，

向对方传达"您是长辈，我很尊敬您"的态度。

好好打招呼就能得80分！

见到长辈时，应该郑重地低下头，说声"您好"。

是不是很简单？

这样，长辈就会认为你是一个懂礼貌的人。

你给长辈留下良好的印象，

长辈自然会用认可的眼光看待你。

大人通常这样评价会打招呼的孩子：

"那个孩子见到长辈会打招呼，是个懂礼貌的好孩子。"

以恭敬的问候语开始与长辈的对话，

你就得到了 80 分，

这样，后面的对话就能顺利进行下去了！

您好.

知道打招呼，
不错嘛.

80

80分！

尽量避免使用网络用语或缩略语！

和长辈聊天时一定要注意，

不要使用和朋友聊天时爱用的网络用语和缩略语，

而要使用长辈能理解的词语。

否则，长辈肯定会疑惑地问："这是什么意思？"

如果你用了这样的词语，而且长辈当真这样问你，

你千万不要说"您连这个都不知道吗？"，而要耐心地为长辈解释。

● **和长辈聊天时的注意事项**

1. 考虑对方的年龄。

2. 谨慎选择聊天的话题。

3. 使用敬语。

4. 照顾对方的情绪。

升级秘诀

使用敬语

和长辈聊天时，下列敬语有可能派上用场。

您 / 请 / 劳驾 / 拜读 / 高寿……

长辈总是给我忠告,怎么办?

长辈发现你的着装、语气或饮食习惯等不妥时,
往往会提出并指正。
他们之所以这么做,是出于对你的关心。
长辈关心你是因为爱你,他们指出你的问题是希望你进步。
你只要这么想,就不会总觉得烦了。

和长辈话不投机,怎么办?

和长辈聊天的时候,你时常觉得沉闷、无趣,对吗?
这是因为长辈的经历、观念等与你的不同。
反过来想一想,正如你不理解长辈一样,
长辈也很难理解你的想法。
遇到这种情况,要先表示对对方的尊重,再表达自己的想法,
比如说"您说得没错,但我是这样想的……"。
这样,长辈才可能认同并尊重你的意见。

20 打电话

多谈，周末我们一起去看电影吧。

嗯……好的。

你真的想去吗？听你的口气，你好像不太情愿呢。

没有啊，我不是不想去……

你不用勉强，我可以跟英洙一起去看。我挂了。

你说什么？

你感冒了，嗓音低沉，所以她以为你不想去却勉强答应。现在该怎么办呢？

怎么会这样？我明明答应了啊……

136

打电话的时候经常会产生这样的误会。

这确实是常有的事，因为打电话的时候我们看不到对方的表情，只能通过声音来揣摩对方的意思，所以很容易产生误会。

是啊，虽然我说我想和她一起去看电影，但她却不相信我说的话。

打电话的时候，你的声音就代表你的表情，对方会通过你的声音推测你的真实想法。

我的声音代表我的表情？好神奇！

面对面交谈时，如果对方嘴上说喜欢，脸上却显出拒绝、讨厌的样子，你就知道原来他不是真的喜欢。同样的道理，通过电话沟通时，即便你嘴上说"好啊"，对方可能也会根据你的语气做出与你的回答相反的判断。

通话时声音
就代表表情!

难易度 ★ ★ ★ ★

打电话时，双方需要通过对方的声音确定对方的真实想法，
所以通话时的声调、语气等非常重要。
通话时，我们只能依靠声音接收信息，
所以我们的听觉会变得更加敏锐。
因此，通话时声音清亮的人更容易给对方留下好印象。
通话前你可以清一清嗓子，调整自己的声音。
你如果嗓音天生比较沙哑，也不必太担心。
只要掌握一些技巧，你就能准确地传达自己的意思。

发音力求准确、清晰

你如果在打电话的时候吐字不清，

会让与你通话的人感觉不舒服，

而如果对方一直感觉不舒服，

你们就无法顺畅地沟通。

所以，打电话的时候一定要做到比平时发音更准确。

只有这样，

才不容易产生误会。

我们一起去看电影吧.

升级秘诀

给别人打电话时要遵守的礼节

1. 电话接通后告诉对方自己的名字。
2. 把要说的事用简洁的话语说清楚。
3. 如果有急事要中断通话，一定要先请求对方谅解，过后再联系对方。
4. 挂电话时等对方先挂。

说重要的事情时打视频电话

当有重要的事情与别人商讨却无法与对方见面时，
很多人选择给对方打电话，
但是打电话很容易让双方产生误会。
其实，这个时候可以选择给对方打视频电话，
看着对方的表情交谈就不容易产生误会了。

升级秘诀

发短信或微信

如果你要联系的人的电话打不通，
你可以给对方发短信或微信，
通过文字与对方交流。
此时的文字就代表你的表情，
一个词就可能让人误合你的意思。
因此，通过短信或微信与人沟通时
一定要注意用词。

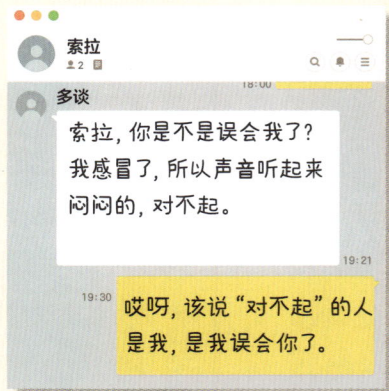

索拉
2

多谈
18:00

索拉，你是不是误合我了？
我感冒了，所以声音听起来
闷闷的，对不起。
19:21

19:30 哎呀，该说"对不起"的人
是我，是我误会你了。

通话时聊着聊着吵起来了, 怎么办?

这时如果继续吵下去, 情况可能一发不可收拾。

发生争吵后最好直接找对方面对面交谈,

比如你可以和对方说"我们先不要吵, 见面再聊吧"。

见面以后, 你们双方的情绪都会平静许多,

你们就能理智地交谈了。

和朋友通话时间很长, 有问题吗?

有些人打电话时喜欢唠唠叨叨, 说个没完。

如果没有特别重要的事还一直不挂电话,

对方往往会感到烦躁或无聊。

那么适当的通话时间是多久呢?

某机构以 2000 人为对象进行调研, 得出的答案是 9 分 36 秒。

也就是说, 通话时间在 9 分半左右时, 双方通常比较愉快。

因此, 最好把通话时间控制在 10 分钟以内。

21 主 持

畅畅老师
咨询时间

做主持人对我来说太难了，
我的心怦怦直跳，
在家人面前我连话都说不利索。

多谈竟然做了主持人！我要为你鼓掌。
如果没有足够的勇气和自信，是做不了主持人的。

我希望自己下次做得更好，我还想
在学校的艺术节和朋友们的生日派对上做主持人呢。
老师，请教教我做主持人的秘诀吧。

要想做好主持人，需要勇气和自信，
还需要一些技巧。幽默风趣很重要！
这是冷场时最好的调味剂。

幽默风趣？

其实不仅仅在主持的时候，
在平时的交谈中保持幽默风趣也很重要。
一个幽默风趣的人可以让别人感受到快乐，
你可以把成为风趣的人当作你的一个目标。

主持时语言
幽默风趣很重要!

难易度 ★ ★ ★ ★

主持人需要具备调动现场气氛的能力。

能做主持人的人在朋友间通常很受欢迎,

因为他们懂得如何幽默风趣地表达。

不过,并非天生幽默的人才能做主持人,

任何人通过训练都可以成为优秀的主持人,

只要做到以下两点:

第一,能够调动现场的气氛;

第二,幽默风趣,口才出众。

下面,我们一起来了解一下做好主持工作的秘诀吧。

准备适合所要主持的活动的串词

把控现场的氛围是主持人最基本的能力之一。要做到这一点，就必须了解活动的性质和目的，并准备好相应的串词。

1. 象棋比赛 → 将对参赛者的介绍作为重点。

2. 生日派对 → 将让过生日的人心情愉快作为重点。

3. 学校活动 → 先对活动进行介绍，再亲切地引导同学们按顺序开展各项活动。

准备串词时，了解观众也很重要。

因为只有了解观众，才能想出令观众满意的串词。

如果要主持的活动是只有同龄人参加的聚会，

串词可以亲切、活泼一些；

如果活动现场有老师或父母等长辈，

串词就要郑重、严肃一些。

升级秘诀

准备串词的注意事项

1. 了解活动的性质和目的。

2. 了解观众的数量和年龄段。

3. 了解活动场所以及与活动相适应的氛围。

制造紧张的气氛

你可以通过后天努力使自己的主持风格变得有趣，
比如把有趣的经历或故事记录下来当作素材、
对着镜子练习做出有趣的表情或动作。
但是，只有讲搞笑的故事、故意搞怪才算有趣吗？
有时，制造紧张的气氛也可以。

● **下面的两种说法中，你觉得哪种趣味性更强呢？**

> **1.** "今年的获奖者是
> XXX，让我们祝贺他。"

> **2.** "今年的获奖者是谁呢？
> 大家猜猜看！他就是……
> XXX！让我们祝贺他！"

显然，第二种说法趣味性更强，因为主持人没有立即揭晓结果，
而是营造了紧张的气氛，激起了观众的好奇心。

升级秘诀

停顿60秒！

如果主持人需要揭晓获奖者名单，
可以用下面这句话来制造紧张的气氛——
"大奖获得者就是……让我们60秒以后揭晓答案！"
60秒的停顿可以让观众充满期待，备感紧张、刺激。

观众注意力不集中，怎么办?

如果你在认真主持，观众却在做别的事，这真的很让人泄气。

这时就需要你有所行动，重新吸引观众的注意力。

例如，你可以即兴向观众提问：

"大家觉得怎么样? 你们看得开心吗?"

这样，那些走神的观众就会重新集中注意力。

如果有观众回答"没意思，无聊!"，又该怎么办呢?

你可以说："后面的节目更加精彩，请大家仔细看哟!"

如何愉快地主持呢?

带着观众参与其中，怎么样?

举个例子，你可以对观众说"坐了这么久，大家都累了吧?

好，现在请大家起立，跟我学"，然后做某个动作；

你还可以对观众说"各位，现在开始跟着我的节奏鼓掌"。

这样，现场的气氛就被调动起来了。

附 录

去有好言，来有好语
→ 对别人说好听的话，自己也能听到好听的话；
你对别人好，别人也会对你好。

良言一句值千金
→ 良言虽少但有益。

说出去的话，泼出去的水
→ 说出的话再也不可能被收回。

良言一句三冬暖，恶语伤人六月寒
→ 善意的话使人虽在严冬也感到温暖，
恶意的话使人虽在盛夏也感到寒冷。

滔滔不绝
→ 形容说话像流水一样连续不断。

祸从口出
→ 灾祸从口里产生，形容说话不谨慎容易惹祸。

一语破的
→ 一句话就说明关键。

三人成虎
→ 比喻说的人一多，就能使人认假为真。

信口开河
→ 比喻随口乱说一气。

巧舌如簧
→ 舌头灵巧得就像乐器里的簧片一样，形容能说会道。

妙语连珠
→ 形容精彩的话一句接着一句，好像珠子串在一起。

听君一席话，胜读十年书
→ 与对方交谈的时间虽然很短，但是受益很大。

著作权合同登记号　图字：01-2023-2889

图书在版编目（CIP）数据

我能自信又清晰地表达 / （韩）李香晏著；（韩）申大官绘；宫萍译 . —北京：北京科学技术出版社，2023.10

ISBN 978-7-5714-3129-7

Ⅰ . ①我… Ⅱ . ①李… ②申… ③宫… Ⅲ . ①语言艺术—小学—教学参考资料 Ⅳ . ① G624.203

中国国家版本馆 CIP 数据核字（2023）第 120712 号

策划编辑：刘珊珊　周孟瑶		电　　话：0086-10-66135495（总编室）
责任编辑：吴佳慧		0086-10-66113227（发行部）
责任校对：贾　荣		网　　址：www.bkydw.cn
封面设计：北京弘果文化传媒		印　　刷：北京捷迅佳彩印刷有限公司
责任印制：张　良		开　　本：710 mm×1000 mm　1/16
出 版 人：曾庆宇		字　　数：122 千字
出版发行：北京科学技术出版社		印　　张：9.5
社　　址：北京西直门南大街 16 号		版　　次：2023 年 10 月第 1 版
邮政编码：100035		印　　次：2023 年 10 月第 1 次印刷
ISBN 978-7-5714-3129-7		

定　　价：56.00 元